ANALIZA KSIĄŻKI

AF136988

Listy Persów

• • • • • • • • • • • • • • • • •

MONTESQUIEU

ANALIZA KSIĄŻKI

Napisany przez Lucile Lhoste
Przetłumaczony przez Kâmil Kowalski

Listy Persów

MONTESQUIEU

MONTESKIUSZ

FRANCUSKI PISARZ I FILOZOF

* **Urodził się w Château de La Brède (południowo-zachodnia Francja) w 1689 roku.**

* **Zmarł w Paryżu w 1755 roku.**

* **Godne uwagi prace:**

  ○ *Świątynia Gnidosa* (1724), poemat

  ○ *Refleksje nad przyczynami wielkości i upadku Rzymian* (1734), esej

  ○ *O duchu praw* (1748), esej

Charles-Louis de Secondat, baron de La Brède et de Montesquieu, znany lepiej jako Monteskiusz, robił kariery w różnych dziedzinach: po studiach prawniczych na uniwersytecie w Bordeaux został wysokiej rangi sędzią w parlamencie w Bordeaux i wstąpił do akademii w Bordeaux. W 1721 r. opublikował anonimowo swoją powieść *Listy Persów*, która odniosła natychmiastowy sukces i zapewniła mu wstęp do wielu salonów literackich, w szczególności do salonów markizy de Lambert (pisarki francuskiej, 1647-1733) i Claudine Guérin de Tencin (pisarki francuskiej, 1682-1749).

W 1728 roku został wybrany do Académie Française i w tym samym roku wyruszył w trzyletnią podróż po Europie. Jego obserwacje i refleksje na temat różnych reżimów politycznych, które napotkał podczas podróży, stały się podstawą jednego z jego najsłynniejszych dzieł: eseju *O duchu praw* z 1748 roku.

LISTY PERSÓW

RELACJA Z PODRÓŻY NA ZACHÓD

- **Gatunek:** powieść epistolarna
- **Wydanie źródłowe:** Monteskiusz (2008) *Listy Persów*. Tłum. Mauldon, M. Oxford: Oxford University Press.
- **1 wydanie:** 1721
- **Tematy:** szok kulturowy, społeczeństwo francuskie, podróż, satyra, obyczajowość, polityka, religia

Listy Persów zostały opublikowane anonimowo w Amsterdamie w 1721 roku. Monteskiusz twierdzi, że po prostu przetłumaczył książkę, aby uniknąć cenzury. Ta epistolarna powieść opowiada o ośmioletniej podróży poprzez listy dwóch perskich szlachciców, którzy zapisują swoje wrażenia i myśli, podczas gdy ich korespondenci informują ich o ważnych wydarzeniach, które mają miejsce w domu, zwłaszcza w seraju (pomieszczeniach mieszkalnych żon i konkubin Usbeka, jednego z bohaterów).

Listy, utrzymane w satyrycznym i często komicznym tonie, przedstawiają obraz XVIII-wiecznego francuskiego społeczeństwa, obyczajów, polityki i religii. Odzwierciedlają również powszechną w tamtych czasach we Francji fascynację Wschodem i serajami, a Monteskiusz dostarcza wielu szczegółów dotyczących kultury, aby zapewnić czytelnikom rozrywkę.

PODSUMOWANIE

Listy Persów mają formę korespondencji między Usbekiem i Ricą, dwoma perskimi szlachcicami, którzy opuścili swoją ojczyznę, by odkryć Zachód, a licznymi ich przyjaciółmi i znajomymi, którzy wciąż pozostają w kraju. Pochodzą z perskiego miasta Ispahan (dzisiejszy Iran), stamtąd udali się do Paryża, gdzie z mieszaniną pobłażania, zdumienia i krytyki reagują na swoje liczne nowe znajomości. Jednak podczas ich nieobecności porządek w seraju (gdzie mieszka pięć żon Usbeka i pilnujący ich eunuchowie [wykastrowani mężczyźni]) zaczyna się załamywać, a kobiety uwalniają się od męskiej dominacji, czego kulminacją jest samobójstwo ulubionej żony Usbeka, Roxane.

ODKRYWANIE ŚWIATA ZACHODNIEGO

Usbek i Rica mają zamiar opuścić rodzinny Ispahan i wyruszyć w podróż po Europie. Obaj chcą poznać kulturę odwiedzanych krajów, ale to nie jedyny motyw wyjazdu Usbeka: jego cnota i przyzwoitość czynią go łatwym celem w skorumpowanym świecie dworu, więc próbuje uciec od swoich wrogów. Jednak jego żony nie chcą, by wyjechał, i w serii listów skarżą się na jego wyjazd i nudę w seraju.

 ## SERAGLIO

Termin "seraglio" pierwotnie odnosił się do części tureckiego domu, w której mieszkały kobiety, natomiast "harem" może odnosić się zarówno do grupy żon i konkubin, jak i do miejsca, w którym mieszkają. W *Listach perskich*, podobnie jak w wielu zachodnich dziełach literackich, te dwa słowa są używane praktycznie zamiennie. Seraglio było popularnym motywem egzotycznym w XVIII wieku i jest tematem ostatnich 15 listów powieści, które szczegółowo opisują bunt sfrustrowanych kobiet, całkowity rozkład porządku i samobójstwo Roxane.

Usbek i Rica opuszczają Persję w marcu 1711 roku i podróżują po wielu krajach, między innymi po Turcji i Włoszech. Są zszokowani europejskimi zwyczajami, które spotykają na swojej drodze: Usbek jest oszołomiony stopniem wolności, jaką cieszą się kobiety, gdyż w Persji są one całkowicie podporządkowane mężczyznom, natomiast Rica jest krytycznie nastawiony do francuskiej polityki i religii. Do Paryża przybywają w maju 1712 roku. Mirza, jeden z przyjaciół Usbeka, pyta go, dlaczego cnota i sprawiedliwość są tak ważne, a on odpowiada opowiadając historię Troglodytów, ludu, którego los zależy od cnoty.

Usbek i Rica nadal obserwują różnice między kulturą Zachodu i Wschodu, opisując, a czasem krytykując paryskie przyjaźnie, debaty i smak wina. Szczególnie krytycznie odnoszą się do religii, ponieważ zauważyli względną różnorodność religijną na Zachodzie i są zszokowani kontrastem i konfliktem pomiędzy różnymi wyznaniami. Zdumiewa ich także europejskie zachowanie i obyczaje, gdyż nie znają plotek, dbałości o wygląd, pojęcia niewierności i hazardu.

STAŁE ODBICIE

W listach obu Persów jest jednak coś więcej niż kontrast i krytyka: Usbek zauważa, że Żydzi w Europie są podobni do Żydów w Persji, a Rica chwali uznanie Europejczyków dla indywidualności. Tymczasem w seraju dają się odczuć pierwsze oznaki buntu, a główny eunuch apeluje do Usbeka o pomoc. Ten z kolei pisze listy do swoich żon, by przywrócić porządek.

W kolejnych listach Usbek i Rica snują obszerne rozważania na temat francuskiego społeczeństwa i jego wpływu na jednostki. Usbek zastanawia się również nad formą, jaką przyjąłby idealny rząd i wykazuje oznaki przekonania do niektórych zachodnich koncepcji, które jego zdaniem bardziej nagradzają cnotliwe zachowanie niż despotyzm panujący w Persji.

We wrześniu 1715 roku umiera Ludwik XIV (król Francji, 1638-1715). Jego bratanek Filip II, książę Orleanu (1674-1738) zastępuje go jako regent, a te zmiany sprawiają, że Usbek i Rica są świadomi postępującego zepsucia francuskiego społeczeństwa. Następnie kierują swoją uwagę na Anglię, którą postrzegają w bardziej pozytywnym świetle, ponieważ jest tam mniejszy dystans między królem a jego poddanymi.

Obaj mężczyźni rozstają się, ale pozostają w kontakcie i nadal dzielą się swoimi wrażeniami w listach. Usbek dyskutuje o konstytucji, depopulacji i religii, natomiast Rica podchodzi do sprawy mniej poważnie, pisząc o ludziach, których spotyka i absurdalnych sytuacjach, w których się znajduje.

ZABURZENIA W SERAJU

Usbek otrzymuje list od głównego eunucha, w którym informuje go, że sytuacja w seraju przybrała inny obrót na gorsze i prosi go o radę, ponieważ kobiety rozpoczynają cudzołożne sprawy, a on nie wie, co robić. Usbek przyznaje głównemu eunuchowi nieograniczone uprawnienia, by poradził sobie z sytuacją, ale ten umiera, zanim zdąży działać, a zanim jego zastępca Narsit otrzyma rozkazy, następuje opóźnienie. Niektóre z listów Usbeka giną, co pogłębia skutki jego nieobecności.

Narsit mówi mu, że wszystko jest w porządku w seraju, ale Usbek nie wierzy mu i zapomina o postanowieniach, by być mniej despotycznym, które podjął w czasie pobytu na Zachodzie, nakazując zamiast tego ukaranie swoich żon. Kilka z nich pisze do niego listy, w których ubolewają nad swoim traktowaniem.

Solim, który odpowiada za utrzymanie porządku, ma dla Usbeka jeszcze jedną złą wiadomość: jego ulubiona żona Roxane, której cnotę i honor wychwalał w kilku swoich listach, została przyłapana na cudzołóstwie z innym mężczyzną, który już został zabity. Solim szykuje się do ukarania Roxane ale ona go uprzedza: w ostatnim liście twierdzi, że zawsze nienawidziła Usbeka i jego autorytaryzmu, przyznaje się do cudzołóstwa i stwierdza, że wybrała samobójstwo jako sposób na odzyskanie wolności. Zażyła truciznę, która działała w trakcie pisania listu, i umiera w trakcie jego kończenia.

STUDIUM POSTACI

USBEK

Usbek bardzo lubi swoją ojczyznę, w której jest powszechnie szanowany i postrzegany jako oświecony (niejednokrotnie jeden z bohaterów prosi go o radę). Opuszcza seraj pięciu żon i wyjeżdża do Francji w dwóch celach: chce tam studiować, ale musi też uciec przed zagrożeniem, jakie stanowią wrogowie, których narobił sobie na skorumpowanym dworze.

Jego cechy charakterystyczne to głód wiedzy i chęć studiowania. Jest płodnym pisarzem listów (prawie połowa listów składających się na powieść jest jego autorstwa), gdyż poprzez swoje obserwacje pragnie przedstawić Persję Zachodowi.

Analizuje francuskie obyczaje w celu stworzenia czegoś w rodzaju uniwersalnego kodeksu moralnego opartego na rozumie i cnocie. Jego osobowość kształtuje jednak również religia (islam) i jest pełna sprzeczności: nazywa siebie mężem, ale rządzi swoimi żonami jak dyktator; potępia poligamię, choć ma kilka żon; chwali zarówno oszczędność, jak i luksus. Choć wydaje się, że w trakcie podróży staje się bardziej tolerancyjny, jego autorytarne zapędy wracają na pierwszy plan, gdy dowiaduje się, co działo się w seraju pod jego nieobecność.

Chociaż spędził osiem lat poza Persją, jego nieobecność nie zmniejszyła jego troski o porządek, jaki według niego powinien tam panować. Bardzo szybko zarządza surowe środki represyjne, które są całkowicie sprzeczne z ideami, jakie wyrażał w poprzednich listach. Jego osobowość jest więc pełna sprzeczności i nieco trudna do określenia.

W swoim ostatnim liście pisze, że jest zaniepokojony wydarzeniami w seraju. Jest zasmucony tym, co się wydarzyło i chce wrócić do domu, ale boi się tego, co może tam zastać. Jego najgorsze obawy spełniają się, gdy Roxane, jego ulubiona żona, popełnia samobójstwo.

RICA

Rica jest młodszy od Usbeka i pochodzi ze skromniejszego środowiska. Jest filozofem poszukującym wiedzy i ma żywy, prześmiewczy charakter. Jego powody wyjazdu na Zachód są mniej poważne niż Usbeka: dla niego jest to podróż formacyjna, która zapozna go z nowymi kulturami i nowymi ludźmi. Wiele z nich opisuje w swoich listach, które stanowią około jednej czwartej powieści.

Od czasu do czasu ma trudności ze zrozumieniem sytuacji i nowych idei, z którymi się styka, zwłaszcza skomplikowanych spraw politycznych i religijnych. Niemniej jednak przedstawia przenikliwe spojrzenie na francuskie społeczeństwo i jego zwyczaje, z których wiele zaczyna doceniać.

Rica szybciej niż Usbek przyjmuje postawę relatywistyczną i jest szczerze przekonany do wielu aspektów życia na Zachodzie, co przyznaje w liście 38: "Jak widzisz, mój drogi Ibbenie, nabyłem jeden z gustów tego narodu, którego ludzie lubią popierać nadzwyczajne opinie i sprowadzać wszystko do paradoksu" (s. 49). Nowość tej nowej kultury nie wydaje się zużywać, gdyż pod koniec powieści Usbek przyznaje, że Rica najwyraźniej chce zostać we Francji i szuka pretekstów, by nie wracać do Persji.

ICH PRZYJACIELE

Głównymi korespondentami dwóch Persów są Mirza i Ibben, którzy chcą poszerzać swoje horyzonty, oraz Rhedi, który lubi próbować rozszyfrować filozoficzne podstawy tradycji. Oznacza to, że Usbek i Rica piszą raczej do Mirzy o zachodnich zwyczajach, a do Rhediego, gdy chcą omówić ważkie tematy filozoficzne.

EUNUCHOWIE

Eunuchowie to postaci niejednoznaczne, bo są jednocześnie panami i niewolnikami. Doskonale ilustrują sposób, w jaki pierwszy smak władzy może szybko dotrzeć do głowy człowieka i sprawić, że ujawni on swoje prawdziwe oblicze. Nadużywają swojej władzy, aby odegrać się na systemie, który ich podporządkowuje, co sprawia, że są niczym więcej niż bronią, którą posługuje się ich despotyczny pan.

Ich jedyną rolą w powieści jest proszenie Usbeka o radę lub informowanie go o wydarzeniach w seraju, gdzie walczą o kontrolę nad coraz bardziej niezależnymi kobietami pod nieobecność męża.

KOBIETY

Główne żony Usbeka to Zachi, Zelis i Roxane.

Zachi jest zmysłowa, naiwna i uległa, zdaje się nie rozumieć, co się wokół niej dzieje. Mimo to przyczynia się do rozkładu porządku, utrzymując bliską relację z jedną ze swoich niewolnic.

Zelis jest postacią bardziej zniuansowaną i zastanawia się nad kondycją kobiet. Choć początkowo uważa, że kobiety powinny podporządkować się mężczyznom, pod koniec powieści twierdzi, że nie kocha już Usbeka i buntuje się przeciwko swojemu statusowi, zdejmując welon w meczecie. Początkowo nie chce powiedzieć Usbekowi, że przyprowadziła do seraju ich siedmioletnią córkę. Wie, że jej warunki życia są zbliżone do więzienia, ale mimo to uważa, że doświadczyła więcej od życia niż Usbek, który całkowicie kieruje się uczuciem do niej.

Roxane jest ulubioną żoną Usbeka, który w wielu swoich listach chwali się jej wyjątkową cnotą. Jednak pod koniec powieści zostaje nakryta w ramionach swojego kochanka, który następnie atakuje Solima i jego ludzi, po czym zostaje przez nich obezwładniony i zabity. To burzy wyobrażenie Usbeka o niej, ale w rzeczywistości zawsze była otwarta na swoje pragnienia i nigdy nie była idealną kobietą, jaką sobie wyobrażał. Jej pozorna uległość jest niczym innym jak fasadą; w rzeczywistości jest silna i niezależna. Kiedy jej kochanek zostaje zabity, jest zdruzgotana i potwierdza swoją wolność, wybierając śmierć zamiast biernego oczekiwania na karę.

ANALIZA

SŁYNNA POWIEŚĆ EPISTOLARNA

Powieść epistolarna to utwór literacki, który ma formę serii listów wysyłanych i otrzymywanych przez bohaterów. Prekursorzy tego gatunku sięgają starożytności, z dziełami takimi jak *Listy* Alciphrona (greckiego pisarza i retora, ok. III wieku p.n.e.) i *Heroidy* (ok. 15 p.n.e.) Owidiusza (łacińskiego poety, 43 p.n.e.-17 n.e.). Jednak pierwsze powieści epistolarne, które zostały uznane za takie, pojawiły się dopiero w XVII wieku.

Liczne francuskie dzieła z tego okresu zawierają fikcyjne listy osadzone w dłuższych narracjach, takie jak *L'Astrée* (1607-1628) Honoré d'Urfé (francuski pisarz, 1567-1625) i *Księżna de Clèves* (1678) Madame de La Fayette (francuska pisarka, 1634-1693). Powieści epistolarne, takie jak *Listy portugalskie* (1669), przypisywane zazwyczaj Gabrielowi de Guilleragues (francuski pisarz i dyplomata, 1628-1685), również zostały opublikowane w tym czasie i pomogły ukształtować konwencje gatunku.

Listy Persów zostały początkowo wydane anonimowo za granicą, przy czym początkowo przedstawiano je jako przekład autentycznego zbioru tłumaczonych listów, a nie powieść epistolarną. W 1754 roku Monteskiusz zasugerował jednak, że książkę można czytać w ten sposób, gdyż ma ona początek, środek i koniec, a jej poszczególne postacie są ze sobą połączone łańcuchem zdarzeń (cyt. za Bibliothèque national de France).

Gatunek ten przeżywał w XVIII wieku coś w rodzaju złotego wieku, gdyż po *Listach perskich nastąpiła* fala późniejszych powieści epistolarnych, z których część czerpała bezpośrednią inspirację z dzieła Monteskiusza. Należą do nich *Julie, czyli nowa Heloiza* (1761) Jean-Jacques'a Rousseau (genewski pisarz i filozof, 1712-1778) i *Niebezpieczne związki* (1782) Pierre'a Choderlosa de Laclos (francuski generał i pisarz, 1741-1803).

Najbardziej oryginalną cechą powieści Monteskiusza, a także cechą, która w największym stopniu przyczyniła się do jej sukcesu, jest fakt, że jej bohaterami są obcokrajowcy, którzy nie znają europejskich zwyczajów. Forma epistolarna nadaje większą autentyczność ich relacjom o przeżyciach i wrażeniach, a także pozwala Monteskiuszowi zdystansować się nieco od swoich kreacji. W istocie, początkowo twierdził, że jest jedynie tłumaczem listów, a ten pozorny dystans pozwalał mu na bardziej wnikliwą krytykę epoki.

STRUKTURA

Powieść składa się ze 161 listów, pisanych przez około 20 postaci do mniej więcej takiej samej liczby odbiorców (choć większość z nich jest pisana przez dwóch głównych bohaterów, Usbeka i Rikę). Dzięki temu mamy dostęp do różnych punktów widzenia na wydarzenia i główne wątki powieści. Większość listów można podzielić na dwie kategorie: te dotyczące Zachodu i te, które koncentrują się na Wschodzie.

Wschód

Większość powieści koncentruje się na Zachodzie, stosunkowo mniej uwagi poświęcając Wschodowi. Niemniej jednak, wiele wątków jest eksplorowanych w związku z tym ostatnim regionem:

- opowieści (listy 11-14, 67, 141);

- polityka (listy 19, 80, 81, 88, 103, 123);

- religia (listy 16-18, 39, 85, 93, 125, 143);

- seraglio (listy 2-4, 6, 7, 9, 15, 20-22, 26, 27, 41-43, 47, 53, 62, 64, 65, 70, 71, 79, 96, 114, 115, 147-161).

Monteskiusz włącza do swojej powieści również opowieści, które czerpią z mitów Platona, aby zgłębić niektóre z preferowanych przez niego tematów filozoficznych, takich jak rozum, cnota i moralność. Tematy te, obecne nie tylko w krytyce Zachodu, są zilustrowane poprzez opowieści takie jak opowieść o Troglodytach, w której grupa przetrwała dzięki dwóm cnotliwym rodzinom, które są w stanie założyć nowe społeczeństwo. Tematy poruszane przez Monteskiusza należą do najważniejszych koncepcji Oświecenia (ruchu intelektualnego i filozoficznego, który zdominował myśl europejską w XVIII wieku i który charakteryzował się znaczeniem przypisywanym rozumowi oraz wartościom takim jak tolerancja i wolność) i są fundamentalne dla jego idei optymalnego społeczeństwa.

Wschodnie religie, a mianowicie islam i zoroastryzm (monoteistyczna religia ze starożytnego Iranu), oraz polityka nie są badane szczegółowo i odgrywają jedynie niewielką rolę w opowieści. Tymczasem, niezależnie od tego, czy Usbek jest obecny w seraju, czy nie, pilnujący go eunuchowie dostarczają kobietom drobnych przyjemności, próbując utrzymać je z dala od bardziej niebezpiecznych namiętności, ale to nie powstrzymuje ich ostatecznie od buntu.

Zachód

I odwrotnie, znacznie większa liczba listów powieściowych skupia się na Zachodzie. Poruszają one jednak podobne tematy, jakby w celu dokonania porównania obu regionów:

- państwa inne niż Francja (listy 31, 41, 78, 104, 139);

- religia (listy 29, 35, 46, 49, 57, 60, 61, 75, 101);

- filozofia (listy 69, 76, 77, 83, 94, 97, 105, 106, 143);

- polityka (listy 24, 37, 44, 80, 88, 90, 92, 94, 95, 100, 102-104, 107, 112-122, 124, 126, 127, 129, 131, 138, 142, 146);

- zachowanie i obyczaje Francuzów (listy 24, 28, 30, 32, 33, 36, 45, 48, 50, 52, 54-61, 63, 66, 68, 72-74, 82, 84, 86, 87, 91, 92, 98, 99, 107-110, 128, 130, 132-137, 140, 144, 145).

Chociaż tylko 18 z tych listów podejmuje jako główny temat religię i filozofię, wyróżnia je ich krytyczny ton. Usbek i Rica po raz pierwszy krytykują chrześcijaństwo tuż po przyjeździe do Francji, opisując papieża jako zwykłego figuranta, którego uwielbiają ludzie łatwowierni, ale nie prawdziwie wierzący, i twierdząc, że chrześcijanie nie przestrzegają zasad swojej religii. Uważają również, że chrześcijaństwo odgrywa nieproporcjonalnie dużą rolę w społeczeństwie i nie jest wystarczająco otwarte na inne kultury. Większość filozoficznych pytań w powieści stawia Usbek, który zastanawia się nad miejscem Boga, dwoistością ciała i duszy oraz naturą i rolą namiętności.

Inne kraje europejskie nie są omawiane zbyt często, ponieważ obaj Persowie spędzają tam mniej czasu, ale często czynią ostre, żartobliwe uwagi na temat zachodnich zwyczajów. Rica ma tendencję do bycia bardziej żrącym niż Usbek. Na przykład w liście 63 komentuje bankiet i fałszywość pozorów w następujący sposób: "zawody wydają się śmieszne tylko wtedy, gdy wykonuje się je z powagą; lekarz nie byłby już śmieszny, gdyby jego strój był mniej obskurny, a on oddawał się bankierom, zabijając swoich pacjentów" (s. 83).

Dwa główne tematy listów o Zachodzie to niewątpliwie francuska obyczajowość i polityka. Opisy Usbeka i Rica dotyczące wybitnych postaci, które spotykają w Paryżu, są często ironiczne i niemal karykaturalne. Powieść początkowo nie poświęca wiele miejsca polityce, ale przewrót we Francji po śmierci Ludwika XIV i w okresie regencji (1715-1723) oraz towarzyszące mu manewry i intrygi wywołują u Persów rozczarowanie i skłaniają do zastanowienia się, czy gdzie indziej nie ma lepszego systemu. Monteskiusz uważał, że centralizacja władzy ustawodawczej, wykonawczej i sądowniczej w rękach jednego człowieka (króla) jest z natury niebezpieczna, ponieważ pozostawia ludzi w słabszej pozycji, gdzie są całkowicie zdani na łaskę i niełaskę monarchy.

PERSPEKTYWA Z ZEWNĄTRZ

Publikację *Listów perskich* w 1721 roku poprzedziło pojawienie się w latach 1704-1717 pierwszego francuskiego tłumaczenia *Tysiąca i jednej nocy*, które przyczyniło się do popularyzacji tematyki i egzotyki wschodniej we Francji. W związku z tym wykorzystanie tych elementów w *Listach perskich* dało Monteskiuszowi większą swobodę w satyryzowaniu francuskich obyczajów i instytucji. Rzeczywiście, fakt, że Usbek i Rica są cudzoziemcami, nadaje ich spojrzeniu odświeżającą i często rozbrajającą szczerość i naiwność.

Dwaj Persowie patrzą na francuskie zwyczaje świeżym okiem i w ten sposób wyraźnie ujawniają absurdalność wielu europejskich zwyczajów. Na przykład w liście 62 Rica zwraca uwagę na głupotę grupy kobiet, z których każda lekceważy zachowanie innych, i krytykuje ich wszechogarniającą obsesję trzymania się za wszelką cenę swojej ginącej młodości. Później, w liście 66, wyszydza pseudointelektualistów i ich determinację, by mimo ignorancji pozostawić swój ślad w historii. Z reguły zachowania i mentalność Francuzów są przedstawiane z humorem i ironią, co ma na celu ukazanie ich absurdalności.

Monteskiusz nie był pierwszym francuskim pisarzem, który przyjął takie podejście: *O kanibalach* (1580), jeden z najbardziej znanych *esejów* Michela de Montaigne'a (pisarz francuski, 1533-1592), porównuje Europę i Nowy Świat, przy czym pierwsza część tekstu opisuje zwyczaje rdzennych Amerykanów, a druga przedstawia Portugalczyka z punktu widzenia rdzennych mieszkańców. Poprzez tę nietypową perspektywę Montaigne zachęca swoich czytelników do zadania sobie pytania, kim są prawdziwi dzicy. Voltaire (francuski pisarz i filozof, 1694-1778) również wykorzystywał to podejście, zwłaszcza w noweli *Micromégas* (1752), w której tytułowy olbrzym i sekretarz Akademii Saturna odkrywają ziemię.

Monteskiusz uważał, że roztropne posługiwanie się śmiesznością może mieć ogromną moc (Ehrard, 2003-2004: 167), a przekonanie to znajduje odzwierciedlenie w wielu listach powieści. Na przykład w liście 44 Rica pisze do Ibbena:

"Trudno w to uwierzyć, ale w ciągu miesiąca, w którym tu jestem, nie widziałem jeszcze nikogo chodzącego; nie może być na świecie narodu, który zmusza swoje ciała do cięższej pracy niż Francuzi. Oni biegają, latają; powolne transporty Azji, celowe, równe kroki naszych wielbłądów, przyprawiłyby ich o zawał serca. [...] [P]eriodycznie człowiek, który wyprzedza mnie z tyłu, zawraca mnie w połowie drogi, podczas gdy inny, mijając mnie z przeciwnej strony, nagle przywraca mnie do pierwotnej pozycji; ledwie przebyłem sto kroków, a jestem bardziej wyczerpany, niż gdybym przeszedł dziesięć lig lub więcej." (str. 30-31)

W tym fragmencie Rica kontrastuje spokój Wschodu z gorączkowym tempem życia na Zachodzie: jak widzimy, mieszkańcy Zachodu zawsze się spieszą i męczą się bez konkretnego powodu. Rica przyjmuje humorystyczny ton, hiperbolicznie twierdząc, że Francuzi "latają", a spokojniejsze tempo życia na Wschodzie "przyprawiłoby ich o zawał serca", a w konkluzji daje do zrozumienia, że ich wysiłki są daremne: nie ma potrzeby podejmować tak wielkiego wysiłku dla stu kroków.

Monteskiusz nie tylko satyryzuje europejskie obyczaje, ale także maluje portrety mieszkańców kontynentu, które nie byłyby nie na miejscu w *"Charakterach"* (IV w. p.n.e.) Teofrasta (ok. 372 p.n.e. – ok. 287 p.n.e.), które były także źródłem inspiracji dla francuskiego pisarza Jeana de La Bruyère'a (1645-1696). Świeżość i szczerość Persów przyczyniają się do efektu tych portretów: na przykład podczas wizyty u szanowanego człowieka Usbek jest uderzony przez grymaśnego, źle ubranego, pozornie pozbawionego rozumu człowieka. Kiedy pyta o niego, słyszy:

"'To', odpowiedział, 'to poeta, i bufon rasy ludzkiej; tacy ludzie mówią, że urodzili się tacy; to prawda, a ponadto będą tacy przez całe życie, co oznacza, prawie zawsze, że są najbardziej niedorzeczni z ludzi; w konsekwencji nie okazuje się im żadnej litości, ale ma pogardę i szyderstwo wobec nich; Głód przywiódł tego do tego domu; jest tu witany przez naszego gospodarza i gospodynię, których dobroć i uprzejmość nigdy nie zawodzi; napisał

ich epitalamium, kiedy się pobrali; jest to najlepsza rzecz, jaką kiedykolwiek napisał, ponieważ małżeństwo było tak szczęśliwe, jak przewidział.'"
(s. 61)

W tym przypadku spojrzenie Usbeka jest stosunkowo ograniczone, ale odpowiedź jego zachodniego przyjaciela dopełnia portret. Z połączenia ich obu punktów widzenia powstaje brutalnie ostry portret poety, którego jedynym osiągnięciem jest przepowiedzenie szczęścia małżeństwa, a więc sprawy, na którą nie ma wpływu. W opisach Rica i Usbeka często pojawiają się tego typu portrety, a płynne połączenie opisu i satyry sprawia, że krytyka, którą się posługują, jest tym bardziej kąśliwa.

MYŚL POLITYCZNA

Myśl polityczna odgrywa w *Listach perskich* kluczową rolę i zdaje się zapowiadać głębsze, bardziej akademickie podejście przyjęte w *O duchu praw*. W powieści Monteskiusz rozwija szereg idei, które ceni najbardziej, takich jak mity utopijne (opowieść o Troglodytach, listy 11-14) czy ustalenie linii podziału między monarchią a despotyzmem (list 102).

Wyobrażenia Monteskiusza – a przede wszystkim jego wątpliwości – dotyczące sposobów funkcjonowania monarchii zostały ujęte w poniższym fragmencie listu 102 (znacznie obszerniej rozwinął swoje poglądy w ósmej księdze *O duchu praw*):

"Większość rządów europejskich to rządy monarchiczne, a raczej noszące tę etykietę; nie wiem bowiem, czy takie rządy kiedykolwiek rzeczywiście istniały: w każdym razie niemożliwe jest, by trwały długo: takie państwa są niestabilne i niezmiennie degenerują się w despotyzm lub republikanizm. Władza nigdy nie może być dzielona równo między lud i księcia,

równowaga jest zbyt trudna do utrzymania, władza z konieczności zawsze maleje po jednej stronie, a rośnie po drugiej; z reguły jednak przewagę ma książę, który stoi na czele armii. Królowie europejscy cieszą się więc wielką władzą i można powiedzieć, że sprawują ją według własnego uznania […]" (s. 136)

Monteskiusz uważał, że monarchia jako system jest daleka od nieomylności i że pod wieloma względami jest nieprzystosowana do rzeczywistości, a nawet skorumpowana. Monarcha ma niezmiennie przewagę nad swoimi poddanymi, ponieważ cała władza jest skupiona w jego rękach, co nieuchronnie oznacza, że nie ma równowagi między jego wolą a wolą ludu. Monteskiusz uważał zatem, że równowagę można przywrócić poprzez podział władzy i przyznanie ludowi większej roli w podejmowaniu decyzji.

System angielski postrzegał w pozytywnym świetle, cenił moralność i cnotę, co widać w liście 104:

"Nie wszystkie narody Europy są jednakowo uległe wobec roli swego księcia; na przykład niecierpliwy temperament Anglików rzadko zostawia królowi czas, by dał odczuć swój autorytet: uległość i posłuszeństwo są cnotami, z których Anglicy są najmniej dumni. Na ten temat mówią rzeczy niezwykłe. Według nich istnieje tylko jedna więź, która jest w stanie zapewnić oddanie człowieka, a jest nią wdzięczność […]" (s. 139)

W czasie, gdy powstawała powieść, Wielka Brytania miała parlament, którego członkowie byli wybierani przez arystokrację (we Francji było tak dopiero po rewolucji francuskiej w 1789 roku), stworzyła Bank Anglii i przyłączyła Szkocję, która jednak zachowała niezależność w wielu dziedzinach. W szczególności sposób debatowania nad ideami w angielskim parlamencie nie miał odpowiednika we Francji, gdzie o wszystkim decydował król, a lud nie miał wyboru i musiał podporządkować się jego woli. Oznaczało to, że w przeciwieństwie do Francuzów, obywatele angielscy cieszyli się pewną swobodą w wyrażaniu swoich opinii.

👁 O DUCHU PRAW

Esej *O duchu praw* jest jednym z najsłynniejszych dzieł Monteskiusza, został opublikowany w Genewie w 1748 roku. Jest on podzielony na pięć części, z których każda dotyczy innego tematu (różne rodzaje rządu, wolność polityczna, znaczenie klimatu, rola ducha ogólnego i wpływ wymiany) i zawiera szereg propozycji, które były bardzo nowoczesne jak na swoje czasy. Esej ten ugruntował reputację Monteskiusza jako czołowego teoretyka liberalizmu politycznego i był sukcesem literackim, choć spotkał się z krytyką konserwatystów i Kościoła. W 1750 roku Monteskiusz odpowiedział swoim krytykom w dziele *"W obronie ducha praw"*.

Monteskiusz opisał trzy rodzaje rządów: republiki i monarchie, które kierują się pozytywnymi wartościami cnoty i honoru, oraz rządy despotyczne, które czerpią swoją władzę z ucisku i strachu. Druga część jego eseju również wywarła trwały wpływ na myśl polityczną: opowiada się ona za rozdziałem władzy wykonawczej, ustawodawczej i sądowniczej, co do dziś pozostaje podstawową zasadą demokracji na całym świecie.

EKSPLORACJA ZAGADNIEŃ WSPÓŁCZESNYCH

Poza przedstawieniem swoich przekonań politycznych Monteskiusz wykorzystał swoją powieść do zbadania szeregu współczesnych kwestii, w tym kontrowersji wokół dwóch tłumaczeń Homera (grecki poeta, koniec VIII wieku p.n.e.), które stanowiły część tzw. "Kłótni między starożytnymi a nowoczesnymi" i zostały omówione w liście 36. W polemice tej uczestniczyło dwóch autorów, "starożytna" Anne Dacier (francuska filolog i tłumaczka, 1645-1720) oraz "nowoczesny" Antoine Houdar de la Motte (francuski pisarz i dramaturg, 1672-1731), którzy opublikowali przekład *Iliady* (greckiego poematu epickiego przypisywanego Homerowi) zgodnie ze stylem swojego obozu. W szczególności Dacier wierzyła w dosłowną wierność oryginalnemu tekstowi, podczas gdy Houdar de la Motte uważał, że starożytny tekst może zostać zaadaptowany i uwspółcześniony, aby odpowiadał współczesnym gustom. Dało to początek serii ożywionych debat nad tekstem i jego tłumaczeniami, które trwały przez kilka lat:

"[Np.] kiedy przybyłem do Paryża, zastałem ich wszystkich zajętych najbardziej błahym sporem, jaki można sobie wyobrazić: dotyczył on reputacji starożytnego greckiego poety, którego kraj urodzenia i rok śmierci pozostały kwestią domysłów przez dwa tysiące lat. Obie strony przyznawały, że był on znakomitym poetą: chodziło po prostu o stopień doskonałości, jaki należało mu przypisać." (s. 46)

 ## KŁÓTNIA MIĘDZY STAROŻYTNYMI A WSPÓŁCZESNYMI

Kłótnia między starożytnymi a nowoczesnymi podzieliła francuski świat literacki na przełomie XVII i XVIII wieku. Zderzyła starożytnych, którzy pod przewodnictwem Nicolasa Boileau (francuski pisarz, 1636-1711) uważali, że literatura powinna czerpać inspirację z niedoścignionej doskonałości pism starożytności, z nowoczesnymi, których czołową postacią był Charles Perrault (francuski pisarz, 1628-1703) i którzy wierzyli w innowacyjność i literaturę dostosowaną do współczesnego świata.

Kontrowersje te zrodziły wiele pytań, takich jak to, czy w pomnikach publicznych powinno się używać łaciny czy języka francuskiego, oraz to, w jakim stopniu wzorce z antyku były przydatne dla późniejszych pisarzy. W tym okresie powstało również wiele słynnych dzieł, takich jak *L'Art poétique* Boileau. Debata trwała jednak stosunkowo krótko, gdyż wkrótce zwyciężyły idee modernistów.

Powieść czerpie też obficie ze współczesnych wydarzeń politycznych: na przykład Ludwik XIV jest mocno krytykowany za swoje sprzeczne zachowania, nadmierne wydatki i skłonność do rozdzielania nagród w sposób arbitralny i często nielogiczny.

Monteskiusz interesuje się również odkryciami naukowymi i rozwojem rozumu poprzez postać Usbeka, który pisze do derwisza (członka muzułmańskiego zakonu ascetycznego) Hasseina o tendencji do przekształcania się nawet najbardziej podstawowych odkryć w naukowe cuda. W istocie, naukowcy mogą wykorzystać pozornie oczywiste prawdy jako punkt wyjścia do odkrycia kolejnych prawd, które ujawniają pełny zakres i znaczenie początkowych odkryć:

> *"Pierwsze prawo jest takie: że każde ciało ma tendencję do kreślenia linii prostej, chyba że napotka jakąś przeszkodę, która je odchyli; a drugie, które jest następstwem pierwszego, że każde ciało, które krąży wokół centralnego punktu, ma tendencję do oddalania się od niego, ponieważ im dalej od centrum, tym prostsza będzie linia, którą kreśli." (s. 130)*

Monteskiusz ostro krytykuje również współczesne praktyki, takie jak niewolnictwo, co widać w liście 118, w którym pisze: "jeśli chodzi o wybrzeże Gwinei, to jego populacja musiała zostać wyjątkowo uszczuplona w ciągu ostatnich dwustu lat,

podczas których mali królowie, czy wodzowie wiosek, sprze-
dawali swoich poddanych władcom Europy" (s. 159), "[t]
ymczasem niewolnicy, przewiezieni do innego klimatu, umie-
rają tam tysiącami" (*tamże*) oraz "[n]ie może być nic bardziej
oburzającego niż spowodowanie śmierci nieobliczalnej liczby
ludzi w celu wydobycia złota i srebra z głębi ziemi; metale te
same w sobie są całkowicie bezużyteczne, a postrzegane są
jako bogactwo tylko dlatego, że zostały wybrane jako jego
symbole" (*tamże).*

To zaangażowanie we współczesną rzeczywistość w dużym
stopniu wyjaśnia entuzjazm, z jakim przyjęto powieść, a
także fakt, że Monteskiusz był później zapraszany i fetowany
na salonach literackich. Monteskiusz był jednym z najważniejszych filozofów oświecenia, a w swoich *Listach perskich*
zawarł wiele głównych pytań tego ruchu. Jego bohaterowie
wyruszają w podróż i studiują jak najwięcej przedmiotów,
podobnie jak ich twórca kilka lat później. Usbek i Rica bronią
podstawowych wartości oświeceniowych: tolerancji (którą
rozwijają poprzez kontakt z innymi kulturami), wolności
(którą zgłębiają zwłaszcza poprzez postać Roxane), równości
(którą odkrywają poprzez angielski system polityczny),
rozumu i miłości do natury.

DALSZA REFLEKSJA

KILKA PYTAŃ DO PRZEMYŚLENIA...

* Wyjaśnij, dlaczego *Listy Persów* można określić jako powieść epistolarną. Czy istnieją czynniki, które mogłyby skomplikować tę klasyfikację?

* Opisz i porównaj postacie Usbeka i Rica. Czy każdy z nich ma inne spojrzenie na francuskie zwyczaje?

* Dlaczego, Twoim zdaniem, Monteskiusz zdecydował się na przedstawienie francuskiego społeczeństwa oczami dwóch cudzoziemców?

* Jeśli celem listów o Zachodzie jest krytyka francuskich obyczajów, to jaki jest cel listów o Wschodzie?

* Przeczytaj uważnie list 118. Jakie argumenty przeciwko niewolnictwu w nim wysuwa?

* Porównaj podejście Monteskiusza w *Listach perskich* z podejściem Montaigne'a w eseju *O kanibalach*.

* W jakich aspektach powieść odzwierciedla ideały oświecenia?

* Czy znasz innych filozofów oświeceniowych, którzy wykorzystali formę powieści epistolarnej do wyrażenia swoich idei?

* Zbadaj inne słynne powieści epistolarne i porównaj, jaki wpływ miały na okres, w którym zostały napisane.

* *Listy Persów* były dwukrotnie adaptowane na potrzeby kina. Omów podejście każdego z reżyserów.

DALSZE CZYTANIE

WYDANIE REFERENCYJNE

Monteskiusz. (2008) *Listy Persów*. Tłum. Mauldon, M. Oxford: Oxford University Press.

BADANIA REFERENCYJNE

Ehrard, J. (2003-2004) Montesquieu dans Le Monde en 2002. *Revue Montesquieu*. 7, s. 166-167).

Martino, P. (1906) *L'Orient dans la littérature française au XVII et au XVIII siècle*. Paris: Hachette.

Montesquieu. (1754) Quelques réflexions sur les *Lettres persanes*. *Bibliothèque nationale de France*. [Online]. [Dostęp 23 marca 2018]. Dostępny w: <http://expositions.bnf.fr/montesquieu/lettres-persanes/extraits/quelques-reflexions.htm>.

ADAPTACJE

Petit à petit. (1971) [Film]. Jean Rouche. Reż. Francja: Les Films de la pléiade.

Ispahan: lettre persane. (1977) [Film krótkometrażowy]. Jean Rouche. Reż. Kanada/Francja: Centre National de la Recherche Scientifique, Comité du film Éthnographique.

Chcemy usłyszeć od Ciebie, co się dzieje!
Zostaw komentarz na temat swojej internetowej biblioteki
i podziel się swoimi ulubionymi książkami w mediach społecznościowych!

www.50minutes.com

Master ISBN: 9782808694667
Papierowy ISBN: 9782808616065
Depozyt prawny: D/2023/12603/1886

Verhaal: © Primento

Projekt cyfrowy: Primento, cyfrowy partner wydawców.